快樂的熱浪，會把平凡的日子吹得蒸蒸日上。

# 首先你要快樂

林小仙 著　sweetaro⁺ 繪

## 其次都是其次

幸福文化

*致讀者：*

做一點開心的事情可以讓你暫時無視麻煩。
在某個時刻，
你只在意自己的感受，
你把所有的注意力都用來取悅自己，
你強制性地將自己切換成樂觀模式。

在這個過程中，
你不用擔心別人怎麼說、怎麼看，
也不用擔心自己會錯過什麼。
當你專注於如何讓自己開心，
你錯過的只會是就該錯過的東西，
它包括負面的消息、無聊的八卦、糟糕的情緒。
所以，
當你無聊了、受挫了、沮喪了、疲倦了、
覺得自己無能為力了、認為自己糟糕透了的時候，

不要只顧著傷心難過或者怨天恨地,
而是要提醒自己:
讓自己開心的權利,
永遠掌握在自己手裡。

讀完這本書,希望你能明白:
你一直都有讓自己開心的能力,
只是你忘了而已。

也藉由這本書,希望你能做到:
把生活中為數不多的開心畫成重點,
在每個糟心的時刻反覆誦讀;
瘋狂去收集每一個微小的快樂瞬間,
用它們去回擊每一個糟糕的日子。

每天至少做一件讓自己開心的小事。
用具體的快樂對抗不具體的焦慮，
用做點什麼趕走無聊與失落，
用自定義拒絕被定義。

擊退焦慮

趕走無聊

喜歡自己

打敗不開心

確定無疑的事情有那麼一兩樁，
就足以抵禦世間的種種無常。

100 件快樂的小事

# NO.1

在每個月的最後幾秒鐘，
吃一顆糖，
這樣在新的一個月開始的時候，
就嘗到了甜頭，
也算是占了生活的便宜。

100個快樂的建議

———————————

年　月　日

畫一張自己的簡筆畫，簽上名，寫上日期，再發個 FB PO 文。

# NO.2

抽出一點時間，去了解未知的領域，
滋養自己的好奇心。

100 個快樂的建議

把一個最討厭的名字寫在本子上，
然後撕下來，扔進垃圾桶裡。

NO.1

一定要長得好看嗎？長得好笑不可以嗎？


NO.2

空腹喝牛奶會胃痛，那我先喝一小口牛奶，
不空腹了，再繼續喝牛奶會胃痛嗎？

100件快樂的小事

# 定期獎勵自己

# NO.3

定期獎勵自己。
不管自己順利不順利,
都要定期給自己一點兒獎勵,
可以是之前捨不得買的鞋子,
也可以是突然想吃的美食。

## 給暗戀的人寫一句表白的情話。

# NO.4

隨手記錄身邊的美好，
包括遇到的風景、陌生人的善意微笑、買到合適的衣服、
搶到心儀的票、聽到喜歡的歌曲等。

隨手記錄身邊的美好

塗上口紅，然後把唇印印在這一頁。

NO.3

為什麼周瑜死了諸葛亮給他弔喪，
諸葛亮死了周瑜卻不給他弔喪？


NO.4

對著流星許願，如果流星還沒著地就燒沒了，
許的願有效嗎？

100 件快樂的小事

# NO.5

看著戀人熟睡，趁他睡著了，
對他齜牙、做鬼臉。

把你打算給自己的獎勵寫下來：

簽名＿＿＿＿　蓋手印＿＿＿＿　以示「不會對自己毀約」。

# NO.6

停止比較,
多想一下自己的優點,
多想一下自己走運的事情。

在回家的路上撿一片葉子，洗乾淨之後，

認真地黏在這一頁，寫下日期和撿葉子的地點。

地點＿＿＿＿＿＿＿ 日期＿＿＿＿＿＿＿

NO.5

老闆給了我工作，憑什麼還得給錢？

NO.6

假如一個人自殺了，
那麼世界上是多了一個自殺的人，
還是少了一個自殺的人？

100 件快樂的小事

# NO.7

把房間收拾得整整齊齊、乾乾淨淨的。
躺在床上，再做個白日夢。

017

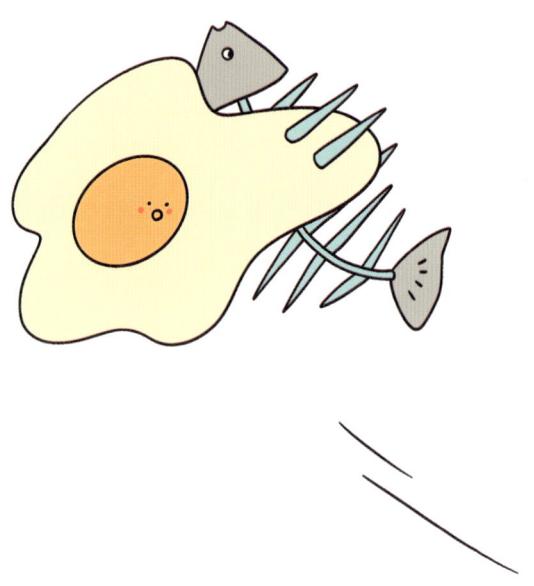

NO.7

魚渾身都是骨刺，它不疼嗎？

NO.8

公車司機下車以後，車門是怎麼關上的？

100 件快樂的小事

# NO.8

不喜歡的東西就扔掉,
討厭的人就封鎖,
不開心的時候就睡一覺,
人生那麼短暫且美好,
哪有時間浪費在醜陋的東西上?

100 個快樂的建議

把手弄髒,然後把手印留在這一頁。

100 件快樂的小事

# NO.9

每天給自己找一個安靜的角落，
　　給自己一些獨處的時間。

想像自己是一個三歲的小朋友,
用笨拙的畫法,把這一頁塗得亂七八糟的。

我們都曾蹣跚學步,笨拙地走在路上。

# NO.10

100 件快樂的小事

列一份待做清單,然後埋頭去做,
直到所有的事項都打上了勾。

一份待做清單。

把「愛誰誰」這三個字寫滿這一頁。

愛誰誰

NO.9

有人說「笑一笑,十年少」,
又有人說「抽菸會減少壽命」,
那一邊抽一邊笑可以穩住壽命嗎?


NO.10

向日葵晚上在幹什麼,跟著月亮轉嗎?

100件快樂的小事

# NO.11

看到什麼就用心地拍下來，
如果無意之間就能拍到一張讓自己滿意的照片，
那感覺特別棒！

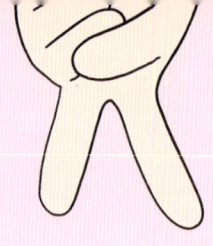

用心拍照

寫一件你最後悔的事情，然後把這一頁撕成碎片。

「因為反面可能被撕掉,我是無辜的空白頁。哈哈哈。」

100 件快樂的小事

# NO.12

在今年的計畫表裡加上：
照顧好挑剔的胃，跟過去的悲傷徹底告別。

寫一件你最得意或者最驕傲的事：

..................................................................................

..................................................................................

..................................................................................

回想它的細節：

..................................................................................

..................................................................................

..................................................................................

..................................................................................

..................................................................................

直到你的臉上露出笑容。︵‿︶

# NO.13

100 個快樂的小事

清理 FB 好友。
不喜歡的人和內容，
定期隱藏，拒絕無用的社交，
不刻意維繫點讚之交。

用兩種顏色的彩筆，
在這一頁，自己跟自己下一盤五子棋。

100件快樂的小事

# NO.14

出門趕上堵車,
就放幾首自己喜歡的歌,
然後跟著唱起來。

回憶你去過的最喜歡的一個地方,
把當時的門票、車票或者機票貼在這裡。

NO.11

咖啡豆也是一種豆子,那咖啡算是豆漿嗎?

NO.12

如果一個人在監獄裡不好好表現,
會不會被監獄趕出來?

NO.13

眼鏡沒有發明之前,眼鏡蛇叫什麼?

NO.14

為什麼隕石總能精準地命中隕石坑呢?

每週日的晚上,
把令你焦慮的、覺得下周可能發生的煩惱寫下來,
投入煩惱箱裡。等到一個星期之後,
你會發現 90% 的煩惱都沒有發生。

NO.15

用你熟悉的某地方言唱一首你熟悉的歌,
然後錄下來,放給自己聽,
在這一頁寫下聽的感受。


感受:

# NO.16

表白失敗了，
就在心裡默念這段話：

「如果我是你，
肯定早就愛上我自己了。」

包一頓餃子，自己剁餡，自己做餃子皮，
不許找幫手，不會就找影片教學，
不管包成什麼樣子，都煮熟了吃掉。

NO.15

皮卡丘用的是直流電還是交流電？

NO.16

把變色龍丟進彩虹糖裡，它會變成什麼顏色？
如果變色龍趴在一盞不斷變色的燈上面，
會不會心力交瘁？

100 件快樂的小事

# NO.17

嚴格地執行一項新的膳食計畫，
規則是：
如果我吃的是你盤子裡的東西，
那麼卡路里就不計算在內。

記錄一下你最近幾年最喜歡的幾樣東西,
可以是電子產品,可以是房子、車子,
也可以是朋友、戀人、寵物。

100 件快樂的小事

# NO.18

赤手空拳把一塊巧克力分成四塊,
然後只吃掉一塊。

寫自己的名字，寫滿這一頁。

睡前請跟自己說三句話：
1. 沒關係的。2. 都會過去的。3. 我是被愛的。

100 個能讓你笑出聲的問題

NO.17

冰淇淋是涼的，哪兒來的熱量？

NO.18

一斤藕有半斤洞，那你是不是買了半斤空氣？

被別人指責腦子笨,
就安慰自己說:
「腦子笨沒有那麼可怕,
畢竟水母沒有腦子,
也活了幾億年。」

NO.19

一隻手畫圓形,一隻手畫方形,重複5遍。

世上之所以有這麼多條條框框,
就是為了告訴你不必格格都入。

## NO.20

心情煩悶的時候,試著把自己的心情記錄下來。
記錄是一個梳理的過程,
把來龍去脈疏通了,心情自然就好了。

100 個快樂的建議

走出這個迷宮。

# NO.21

夢見了想見的人,第一時間告訴對方。
條件允許的話,就馬不停蹄地去見一面。

馬不停蹄見一面。

100 個快樂的建議

To _____

給偶像寫一封信,拍下來,並去社交軟體上 @ 他。

100 件快樂的小事

# NO.22

繁忙的生活之餘,
要讓自己精緻一點兒。
當你洗了頭髮,敷了面膜,
之後再看鏡子裡的自己,
會覺得自己配得上一切美好的事物。

給未知戀人寫一封信,要貼上郵票,
並發個FB PO文:「缺收件地址。」

(如果有對象,就給未來的孩子寫一封信。)

NO.19

**小明問媽媽：**
**「為什麼我只有大姨、二姨、四姨？我三姨呢？」**

NO.20

**吃了止痛藥去打架，會不會不知道痛了？**

NO.21

假如我一拳把自己打死了,是我太強了,還是我太弱了?

NO.22

被門擠過的核桃吃了還能補腦嗎?

100件快樂的小事

種下一點兒快樂。

## NO.23

養花，當自己養的花盛開時，你會體會到不一樣的快樂。

056

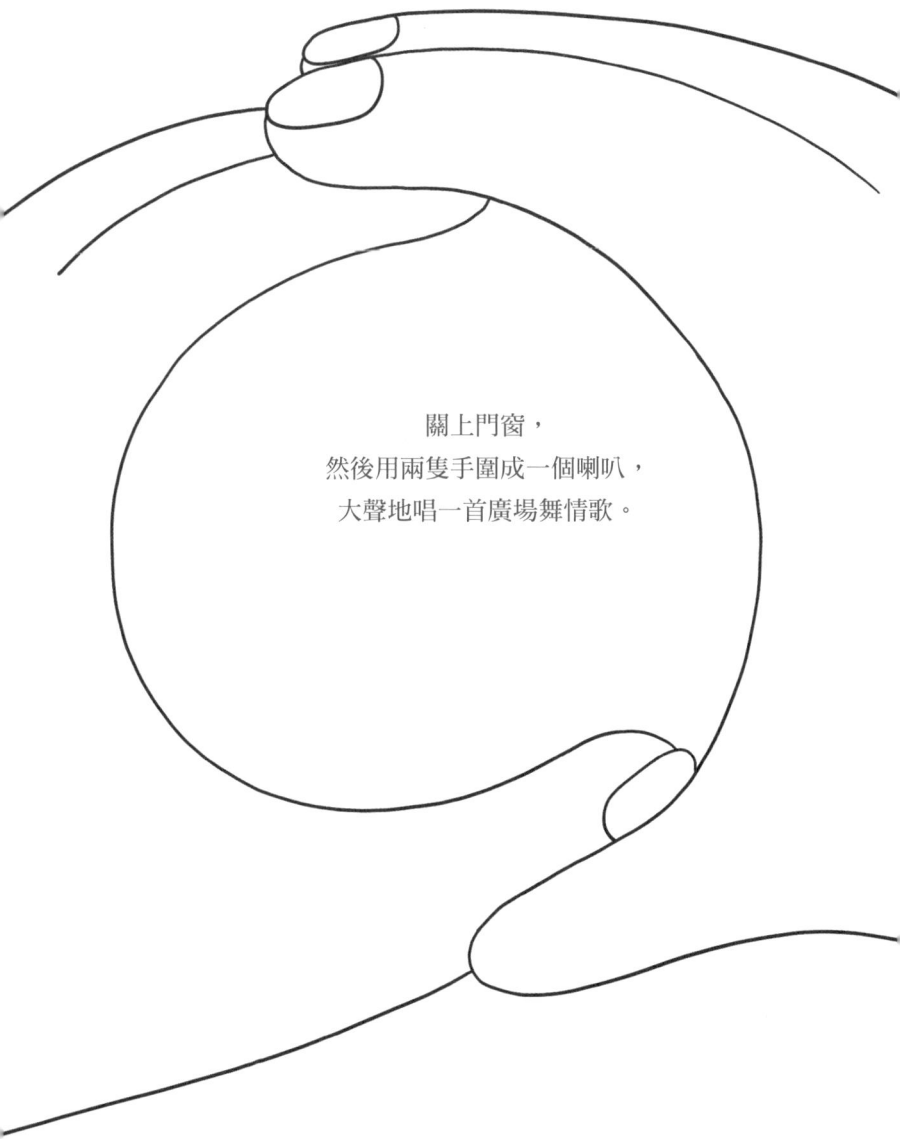

關上門窗，
然後用兩隻手圍成一個喇叭，
大聲地唱一首廣場舞情歌。

# NO.24

科學減肥。當體重計上出現了自己想看到的數字時,
你會有一種勝利的感覺。

自拍一張照片，
給照片裡的自己
畫上大鬍子或者牛角。

NO.23

每天吃點感冒藥,還會感冒嗎?

NO.24

美人魚有刺嗎?

100 件快樂的小事

# NO.25

忍住不說。
對任何人都不要毫無顧忌地說出自己的秘密,
因為你的每一次袒露胸懷都有可能在未來的某個時刻
成為別人專戳你軟肋的機會。

謹言
慎行。

用鼻子碰一朵小花，並對它說：「很高興認識你。」

認識你真好啊！

# NO.26

不再考慮誰是「在空閒時間才與你交談的人」
和「專門騰出時間與你交談的人」,
專心地、用心地對待此時此刻的眼前人。

在這一頁畫上月亮和星星,
並用不同顏色的彩色筆塗色。

---

我生嚼繁星,拿新月刷牙。

NO.25

表白之後,對方說需要時間和距離,
他是要計算速度嗎?

NO.26

沒洗的蘋果不能吃,自來水不能直接喝,
為什麼用自來水洗過的蘋果就可以直接吃?

100 件快樂的小事

心裡悶得慌,
就提醒自己一句:「該說的說,不該說的小聲點說。」

NO.27

_____

_____

_____

_____

_____

在這一頁寫上你近一個月最喜歡的一句話。

100 件快樂的小事

# NO.28

給痛苦的事情，取一個好聽的名字。

想像一下你的婚禮現場會是什麼樣子。(可以寫,也可以畫)

---

你的目標不是婚禮,
而是真切地感受幸福。

NO.27

如果你正在大便,闖進來一個歹徒搶了你的包,
請問你是先拉完,還是先追歹徒?

NO.28

近親結婚不是會影響孩子的智力嗎?
為什麼親媽和親爸結婚了,你卻沒有受到影響呢?

100件快樂的小事

NO.29

幫做錯事的自己，找一個動聽的藉口。

## 把你最近一周的購物清單寫下來：

星期一

星期二

星期三

星期四

星期五

星期六

星期日

100 件快樂的小事

# NO.30

凌晨三點,出發去看日出。

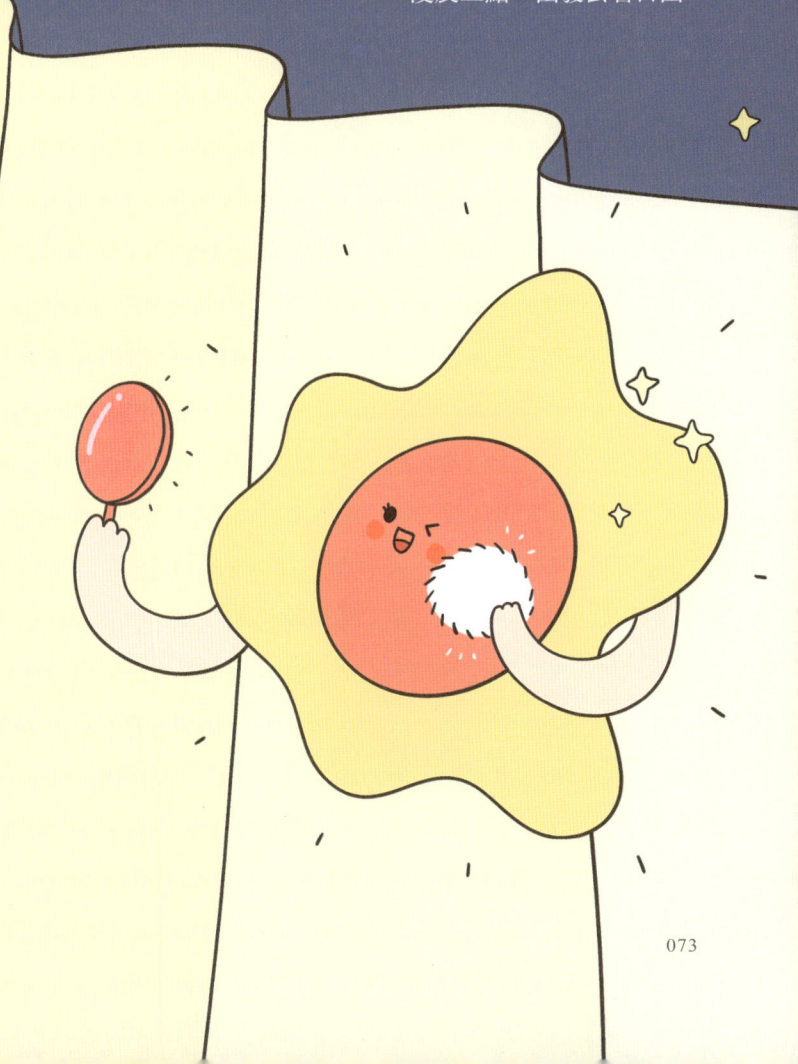

100 個快樂的建議

帶著這本書去旅行,讓每個新認識的朋友給你簽名!

NO.29

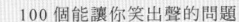

舌頭要怎麼放在嘴裡才會最舒服?

NO.30

減肥餐應該在飯前吃,還是飯後吃?

100 件快樂的小事

# NO.31

偶爾讓自己透明，不要顧及他人的評論。

做個 "小透明"

請你最好的朋友在這一頁,寫出你最大的優點和缺點。

最大的優點:

..................................................

..................................................

..................................................

..................................................

..................................................

最大的缺點:

..................................................

..................................................

..................................................

..................................................

# NO.32

對於話不投機的人,以禮相待,增加距離。

100 個快樂的建議

寫下你最想去的幾個國家或地區，
並寫上你計畫出遊的時間和順序。

地點 _____    時間 _____

地點 _____    時間 _____

地點 _____    時間 _____

地點 _____    時間 _____

地點 _____    時間 _____

地點 _____    時間 _____

NO.31

孫悟空的尾巴呢？如果沒有的話，
為什麼大戰二郎神的時候變出的小廟有尾巴？
如果有的話，為什麼豬八戒沒有？


NO.32

怎麼樣才可以把腦袋裡的錢變現到銀行帳戶裡？

# NO.33

被問到「為什麼總愛買衣服」時,
理直氣壯地告訴對方:

「因為我一年比一年有氣質,
去年的衣服,配不上今年的我。」

寫下此時此刻的位置、天氣、心情、體重、坐姿和剛吃了什麼。

位置：

天氣：

心情：

體重：

坐姿：

剛吃了什麼？

100 件快樂的小事

# NO.34

看紀錄片，關於風景、人文、歷史或美食的都行。

寫下你最喜歡的作者和作品,
為什麼最喜歡?

作者:

作品:

原因:

100件快樂的小事

# NO.35

做手工。
找點東西縫、織毛衣、
織帽子都行。

085

選三樣不常用的東西扔掉或者送人。

NO.33

畢業 3 年,
在學校學的東西已經全部還給老師,
學費為什麼不退我?


NO.34

把傳輸線插在電腦和手機上傳送檔案,
那麼同時把兩頭拔下來,
檔案會留在傳輸線裡嗎?

# 重讀。一本好書。

## NO.36

重讀一本好書,
當你再次拿起那本書的時候,
你會感覺一切剛剛開始。

試著回想一下，或者去翻日記、社交軟體，寫下前年的今天、去年的今天，你在哪裡，以及和誰在一起。

100 件快樂的小事

# NO.37

突然想吃某個東西,
馬上換衣服穿鞋子出門,
買完還沒吃就已經非常快樂了。

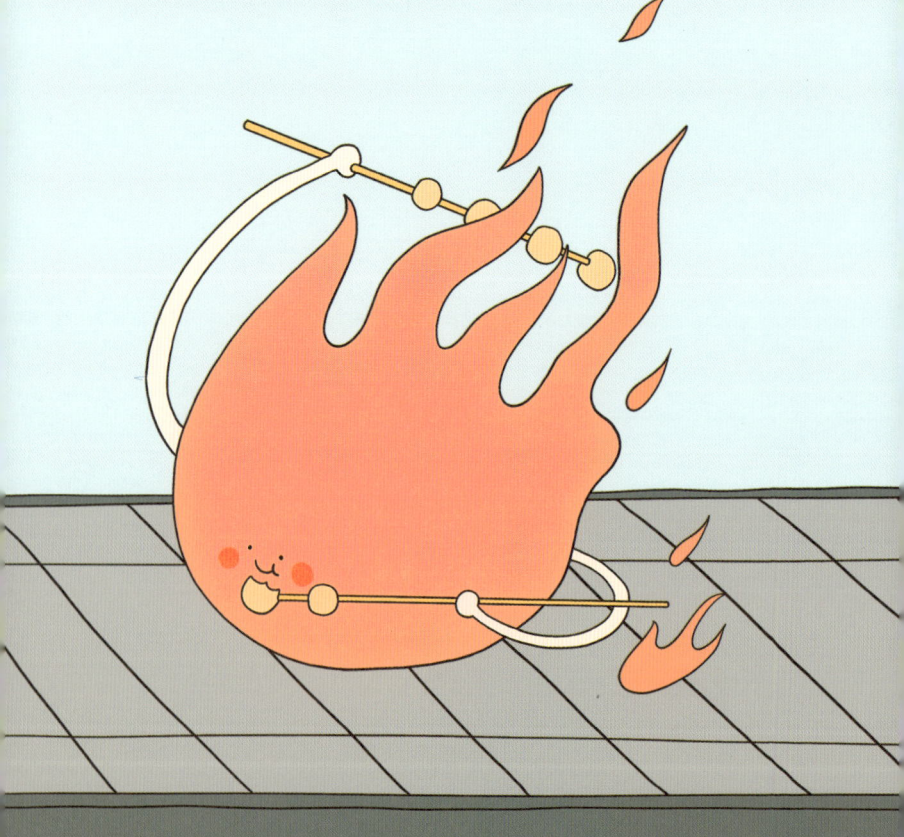

100個快樂的建議

找一支你最喜歡的顏色的彩色筆,
把這一頁塗滿。(你也加入吧)

# NO.38

給親愛的某某某挑一份禮物。

100 個快樂的建議

請在這裡寫下在自己身上發生過最好笑的一件事。

NO.35

把《哈利.波特》裡的隱形斗篷鋪在地上會發生什麼？

NO.36

如果把中國歷代皇帝放在一個群組裡，他們會聊什麼？

NO.37

兒童節冒充兒童，算犯法嗎？

NO.38

我吃了一個蛋，然後我喝了很多茶，
這樣我是不是等於吃了茶葉蛋？

你想到爆笑的問題可以寫下來哦！

100 件快樂的小事

NO. 39

忙到「冒煙」的某天傍晚,
一個人去 KTV 裡大唱特唱。

做兩份黑暗料理，拍個照片留念。

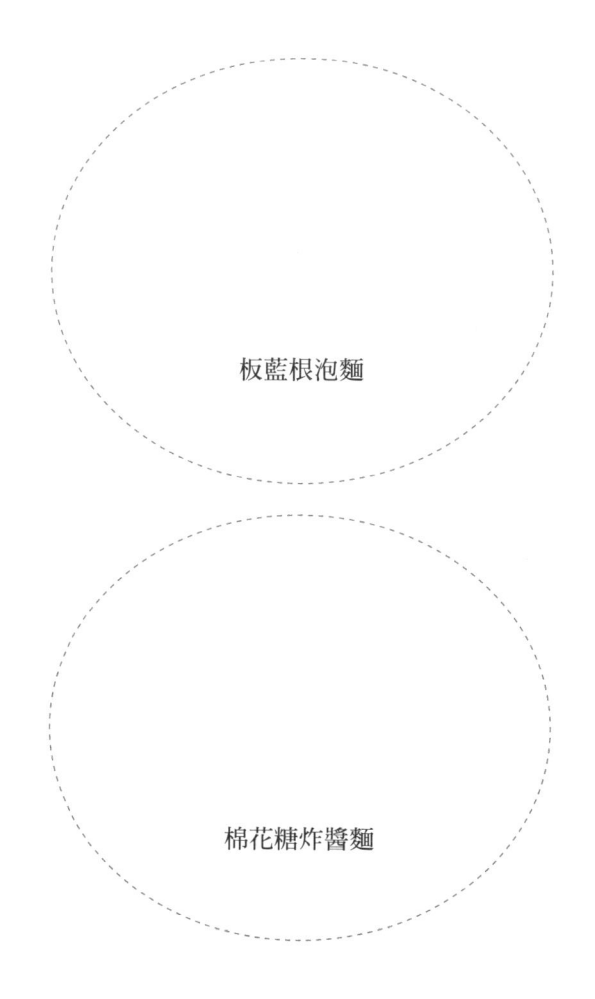

板藍根泡麵

棉花糖炸醬麵

100 件快樂的小事

# NO.40

換一個新髮型，
之前從未嘗試過的那種。

換個
新髮型

100個快樂的建議

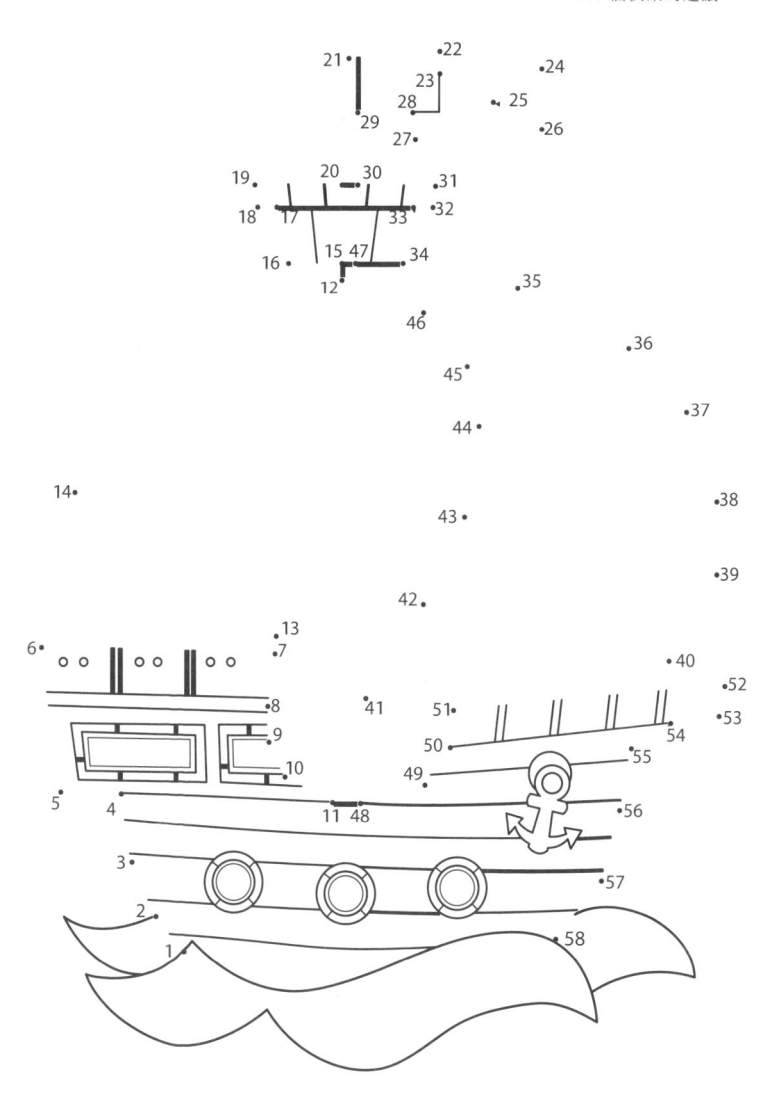

按數字順序連線。完成之後，自己想一個成語，在這一頁寫下。

099

NO.39

禿頭的人應該用洗髮水,還是洗面乳?

NO.40

可以把無籽西瓜的技術用到石榴上嗎?

100 件快樂的小事

# NO.41

無所事事的時候不要有罪惡感，
要允許自己放空一下。

搞不定的情緒，就用筆畫掉它。


嫉妒　　鬱悶　　心裡悶得慌　　好無聊啊　　煩死了

又胖了　　被批評了　　太生氣了　　好焦慮

100 件快樂的小事

# NO.42

頭一次去的餐廳,
就點這家餐廳裡最好吃的料理。
如果不知道,
就問問服務生或者查查它的口碑。

用你家小動物的爪子，在這一頁留個爪印。

---

你先可愛了，生活也會跟著可愛起來。

NO.41

如果某天一把槍指著你的腦袋,你只能說五個字,
說得好就會放了你,說得不好就立馬開槍,
你會說什麼來保命?


NO.42

河水真的一直在流嗎?
它會不會趁夜裡沒人的時候偷懶?

100 件快樂的小事

"再見啦~"

# NO.43

勸自己跟過去告別。
畢竟已經發生的一切都無法改變，
這是基本的物理原理。

106

100 個快樂的建議

跟自己的鞋子聊五分鐘。

Hi!……

Hi!……

# NO.44

對自己溫柔一點點,
把自責或者自卑的自己暫時鎖起來。

後果自負
請勿靠近

不借助工具，徒手畫 40 條筆直的橫線。

01
02
03
04
05
06
07
08
09
10
11
12
13
14
15
16
17
18
19
20
21
22
23
24
25
26
27
28
29
30
31
32
33
34
35
36
37
38
39
40

你有你的立場，我有我的底線。

NO.43

為什麼爸媽結婚的時候不叫我？
為什麼做為親孫子的我沒能參加爺爺的婚禮？


NO.44

如果有一天你突然變成了一隻貓
你既沒辦法說話，也不能做超出貓這個物種的動作，
那麼你該如何向你的爸媽證明你其實是人？

100 件快樂的小事

# NO.45

小口慢嚥，不要狼吞虎嚥。

111

幫自己取個外號，
然後用軟體翻譯成多國語言

100件快樂的小事

用心傾聽。

NO.46

多傾聽,少說話。

隨便抓一把米,然後放進碗裡,
再數數一共多少粒。

---

愛自己就是明白自己的能力有限,時間有限,精力有限。

NO.45

明明是站在電梯裡,
為什麼叫坐電梯呢?

NO.46

為什麼國外的超級英雄趴著飛,
而中國的神仙是站著飛?

# NO.47

冥想。
不管是坐著還是躺著都可以,
就安安靜靜地自己待一會兒。

每次想起來都想笑的事情,請將它寫在這一頁。

100件快樂的小事

# NO.48

深呼吸，
並感受自己的呼吸。

讀一首你最喜歡的詩。

配一首你最喜歡的輕音樂。♪

NO.47

蘇東坡知道自己最有名的作品是「東坡肉」嗎？

NO.48

梁山伯與祝英台變成了蝴蝶，但蝴蝶的生命只有幾天，他們為什麼不變成龜類，讓真摯的愛情延續百年？

100 件快樂的小事

# NO.49

不管身處何地,
都努力去發現此時此刻此地的美好之處。

發現
小美好

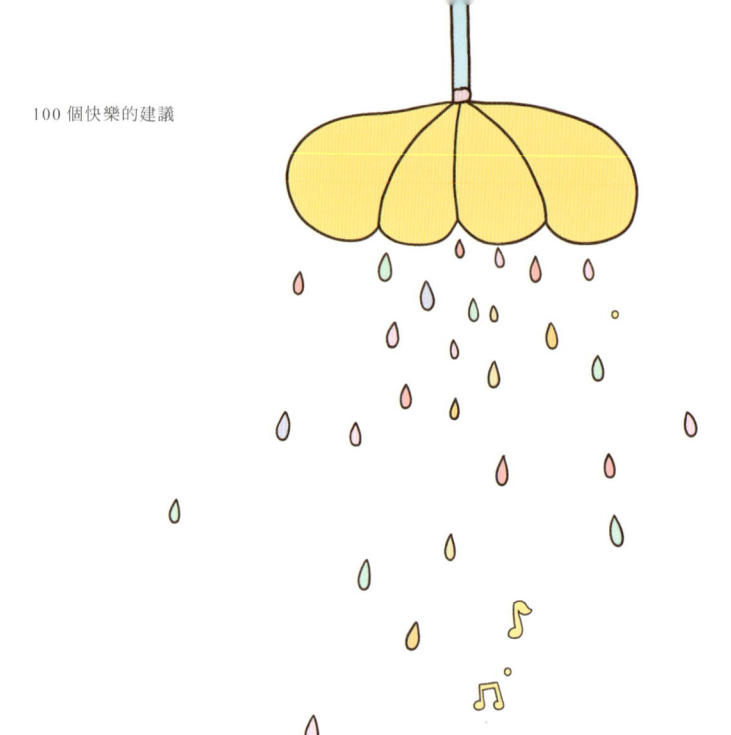

一邊洗澡,一邊哼唱《藍精靈》。

100 件快樂的小事

# NO.50

停止怨恨，想一想這件事情、這個人
給自己帶來了哪些有益的啟發。

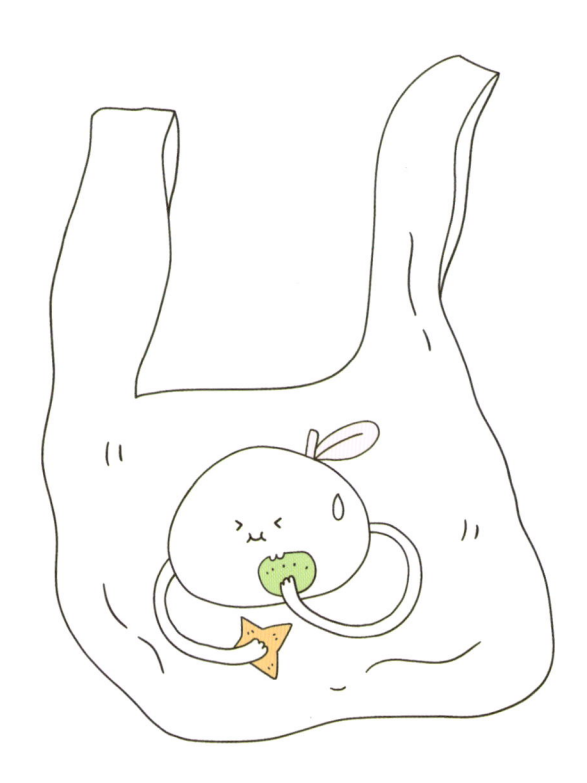

逛超市的時候，
買兩樣從來沒有吃過的食物。

NO.49

晚上跑步會被月亮曬黑嗎?

NO.50

和別人通電話時,小聲說話,
會不會降低對方手機的耗電量?

100 件快樂的小事

# NO.51

去看演唱會之前，
認真地學幾首這位歌手的歌曲。

拍下一朵雲：

(　　　　　　)

給它取個好聽的名字。

100 件快樂的小事

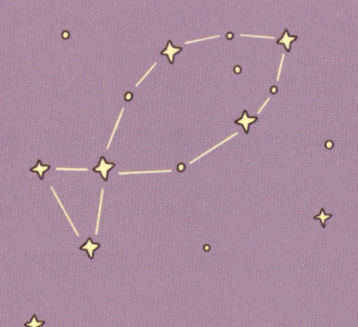

# NO.52

仰望星空,
並且試著去尋找幾個
你熟知的星座。

削一個蘋果，嘗試一刀到底、果皮不斷。

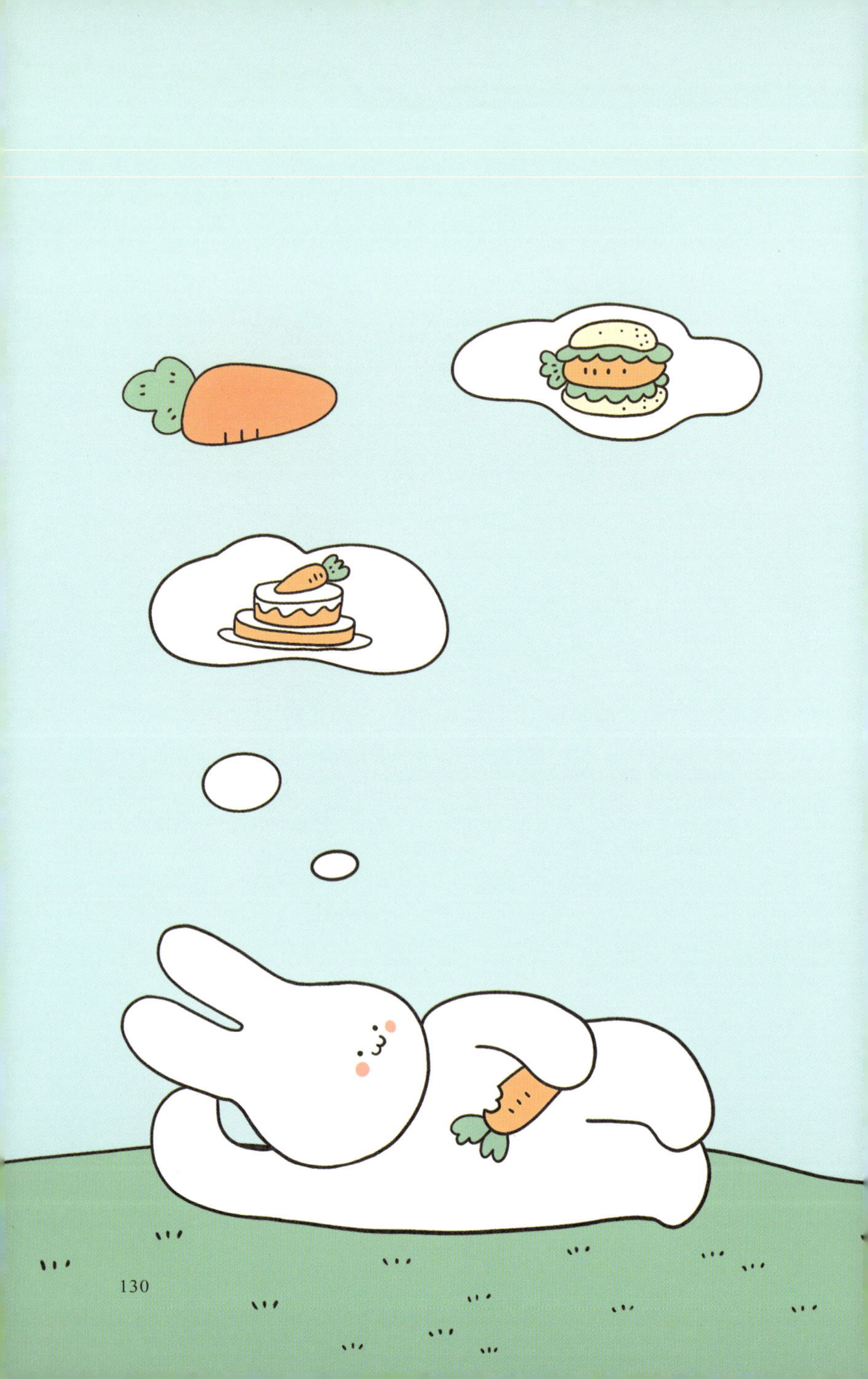

# NO.53

想一想自己需要什麼,
不管是玩手機、看電視、打遊戲,
都要先跟自己確認一下:「我需要的是什麼?」

滴一滴有顏色的水在這個頁面上,
然後用嘴巴吹動它,創作一幅畫。

---

人生是曠野,不是軌道。

# NO.54

找一個舒服的地方躺下,把手機關機,
就靜靜地聽周圍的聲音,聽自己內心的聲音,
就算腦裡有幾個小人在打架,
你也不勸架,讓它們繼續打去吧。

任性一下，給 Line 通訊錄的第 8 個人傳影片。

NO.51

給蛇打個蝴蝶結,蛇能自己解開嗎?

NO.52

如果蚊子都變成吸脂肪,世界會變成怎樣?

NO.53

如果屁是香的,人們還會感到尷尬嗎?

NO.54

學校上課的黑板有彈跳式字幕會是什麼樣子?

100 件快樂的小事

# NO.55

給花澆澆水,
告訴它今天的午餐吃了什麼。

136

畫 4 筆,將這個圓分成 10 份。

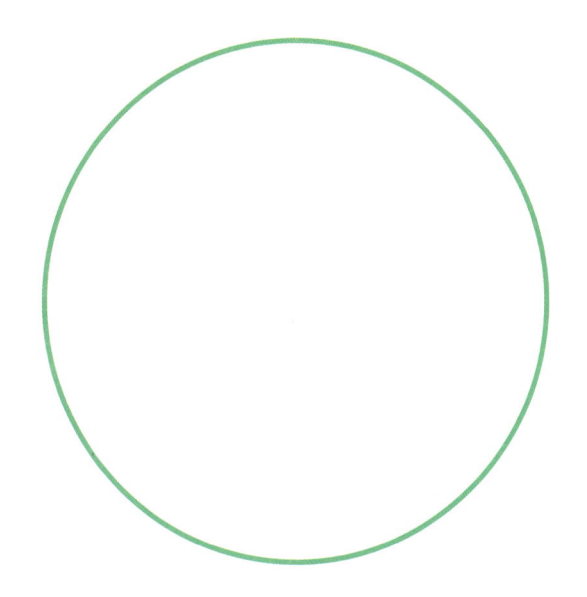

---

相愛為什麼會分開?因為問題大於愛。

給地球
的 吻。

NO.56

在屋子裡走兩步，
並且時時回味瑜伽教練的名言：
「走路，就像是用腳親吻地球一樣。」

和爸媽逛一次街,
並假裝你今天只有 5 歲。

父母健在,你就是世界上最富有的人。

# NO.57

給家裡的毛小孩洗澡，
洗完之後把它們吹得蓬鬆。

# 你是年少的歡喜，喜歡的少年是你

試著倒著寫出這行字的鏡像字。

# NO.58

去看一場悲傷的電影，
肆無忌憚地為悲慘的主人公掉眼淚。

悲。傷的。電影

把手掌放在這一頁，用筆描出手掌的形狀。

---

有些禮物，上天會繞個圈子才給你。

NO.55

長頸鹿眼睛癢了怎麼辦？


NO.56

「允許導盲犬進入」，
是給盲人看的，還是給導盲犬看的？


NO.57

孫悟空無姓無名的時候，
閻羅王的生死簿上是怎麼寫的呢？


NO.58

你家的寵物狗會不會認為
每天給你送外賣的小哥是你的主人？

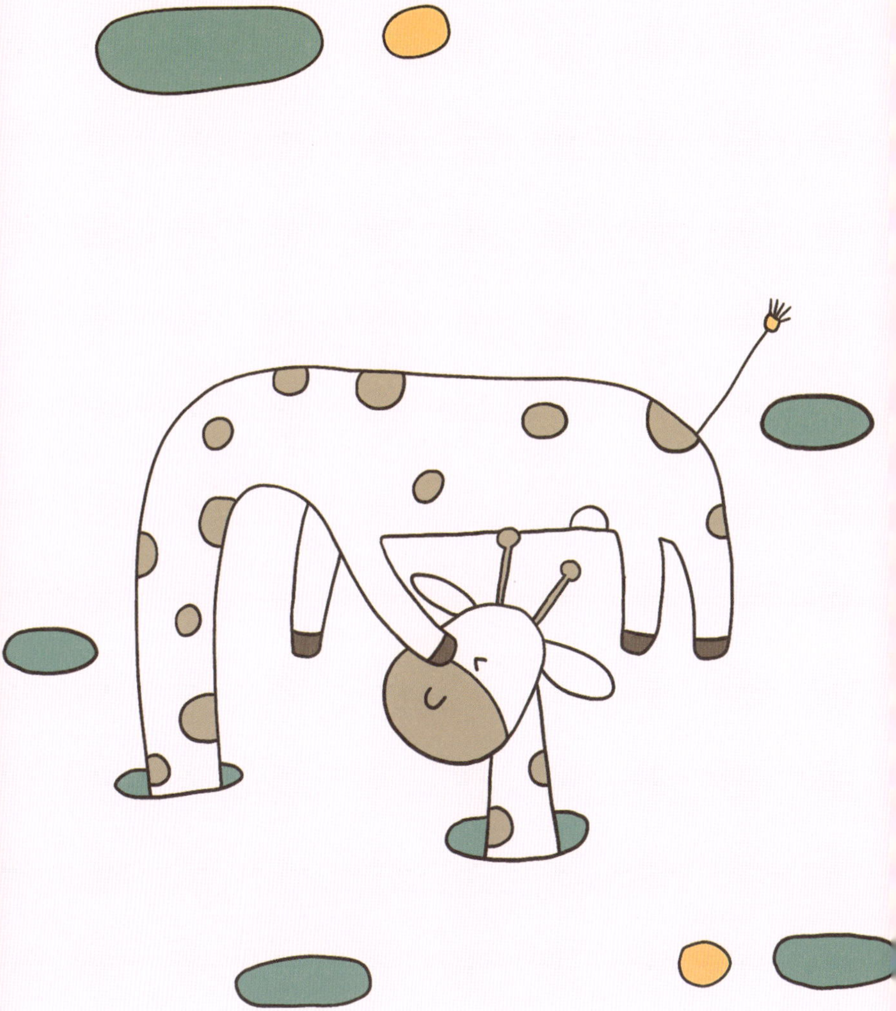

100 件快樂的小事

# NO.59

善待陌生人,
像善待自己那樣。

假裝自己是一位詩人，
以「吃飽」為題創作一首小詩。

吃飽

# NO.60

允許別人喜歡自己，
同時允許一部分的人不喜歡自己。

允許
一切
發生……

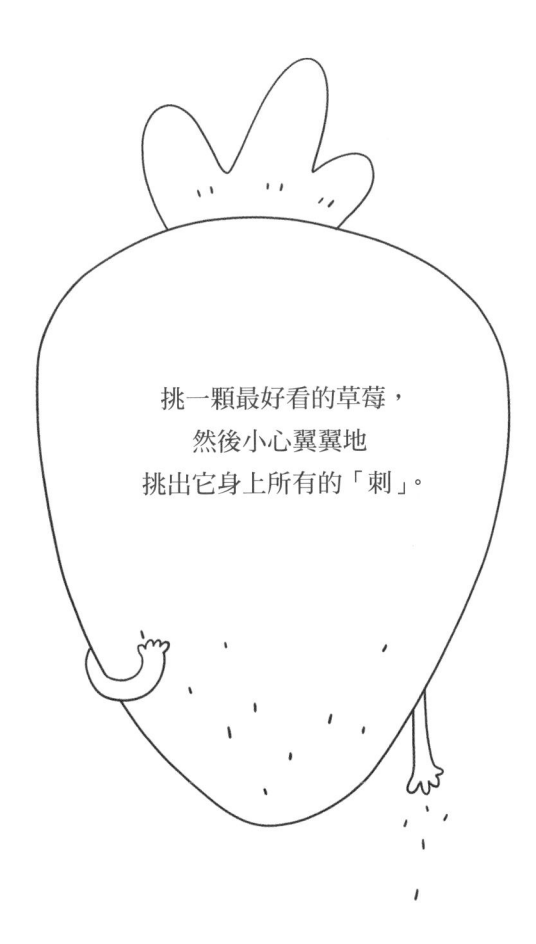

挑一顆最好看的草莓，
然後小心翼翼地
挑出它身上所有的「刺」。

NO.59

斑馬是白馬黑條紋,還是黑馬白條紋?

NO.60

如果炫耀要收稅,會發生什麼?

100 件快樂的小事

# NO.61

不要熬夜，不要熬夜，不要熬夜，
凌晨三點不是試圖釐清人生的時間。

記下此時此刻的日期和時間,
以及手機的電量、記憶體剩下的容量。

手機的電量　■■■■■■■■■■■■■■ 100%

記憶體的容量　■■■■■■■■■■■■■■ 100%

年　月　日

100 件快樂的小事

# NO.62

允許別人不理解自己，
也允許自己不理解這個世界。

回憶一下

剛才出門拿鑰匙的是左手還是右手？

左 右

先邁出門的是左腳還是右腳？

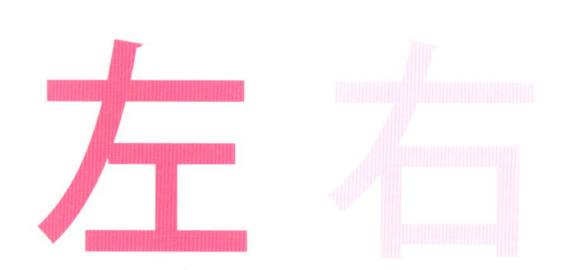

左 右

NO.61

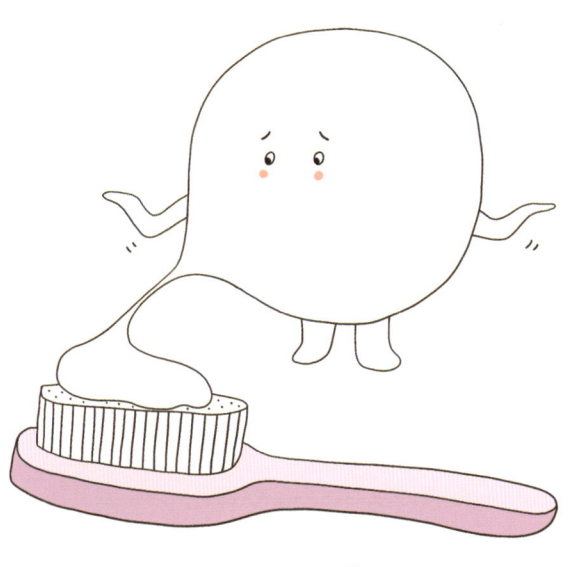

電腦當機的時候,電腦在幹什麼?

NO.62

刷牙時,
為什麼不把牙膏擠到嘴裡再刷,
而是先擠到牙刷上再刷?

與眾不同的自己

# NO.63

保護好自己的與眾不同，不管是身體上、心理上，
還是行為習慣上的，地球上有 80 億人，
就意味著有 80 億種正常。

列一下今天的計畫表,然後按照重要程度依次分類。
今日任務表:

—— 1

—— 2

—— 3

—— 4

—— 5

—— 6

—— 7

/ **務必完成的**

/ **爭取完成的**

/ *沒那麼重要的*

# NO.64

練好一首喜歡的歌,
期待在某個時刻登台表演,
又或者在某個時刻唱給自己聽。

"我的舞台我做主!"

在這一頁寫滿你覺得很美好的成語。

## 一帆風順 春暖花開
### 錦繡前程 ……

NO.63

當你在一款瀏覽器中搜尋另一款瀏覽器下載的時候,
那款瀏覽器是什麼心情?

NO.64

在書店看到一本書叫《解決你人生 50％的問題》,
於是我買了兩本,
為什麼還是不能解決所有問題?

100 件快樂的小事

# NO.65

模仿主持人播報一段新聞，
嘗試用不同的語速。

馬上出門去超市，買一包泡麵捏碎。

100 件快樂的小事

# NO.66

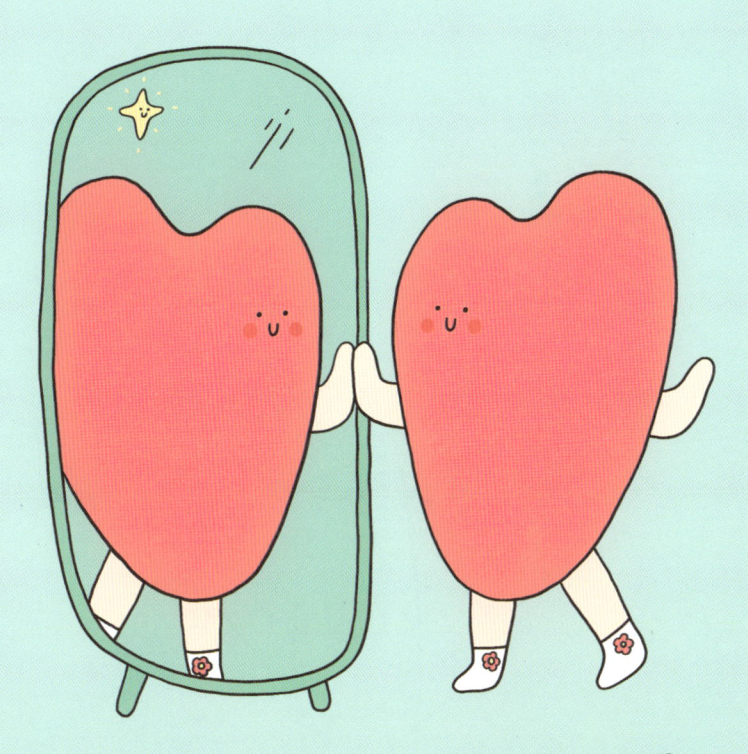

不要欺騙自己，
更不要幫別人欺騙自己。

## 100 個快樂的建議

幫這張火柴人畫上頭髮、耳朵、眼睛和牙齒，
並用你的姓氏幫他取一個名字。

NO.65

如果古代的皇帝想嘗嘗月亮的味道,
而你是御廚,你該怎麼辦?


NO.66

金箍棒可以變大也可以變小,
那能不能變成一邊大一邊小或者葫蘆狀或別的形狀?

100件快樂的小事

# NO.67

每次幫到別人的時候,要在心裡誇自己:
「呦,真是一個善良的人。」

閉上眼睛，
在這一頁寫下你心底埋得最深的那個名字。

100 件快樂的小事

# NO.68

不被看好的時候，更要好看。

寫下兩句暖心的話。

NO.67

如果精神病是傳染病,世界會怎麼樣?

NO.68

怎樣忘掉一首從小背誦到大的古詩?
例如:《春曉》、《詠鵝》以及《靜夜思》。

100 件快樂的小事

# NO.69

先 走

為 敬

如果有人讓你感到不舒服,要相信自己的感覺,
因為對方跟你並非一路人。

在這一頁寫出 $\pi$ 的小數點後 50 位。

$\pi = 3.141$

---

有人在新鮮感裡無限迴圈,
有人縫縫補補,對一個人愛了又愛。

100 件快樂的小事

減肥的日子裡，嘴巴覺得寂寞，
就偷偷去吃炸雞和漢堡。

NO.70

173

設計一個超酷的解鎖圖案

NO.69

如果你在沙漠中發現了一整塊十噸重的黃金，
你該怎麼辦？

NO.70

假如
你對一件未知事物的預測能力準確率是 50%，
那麼你該如何使用它？

# NO.71

在窗子旁邊聽下雨的聲音,
如果癡迷了,就錄下來;
如果覺得不過癮,就換一身衣服出去踩水。

100 個快樂的建議

**在蘋果上啃出一個愛心。**

100 件快樂的小事

不帶任何目的地下樓走一走，
大口地呼吸新鮮空氣，並讚美雲朵。

NO.72

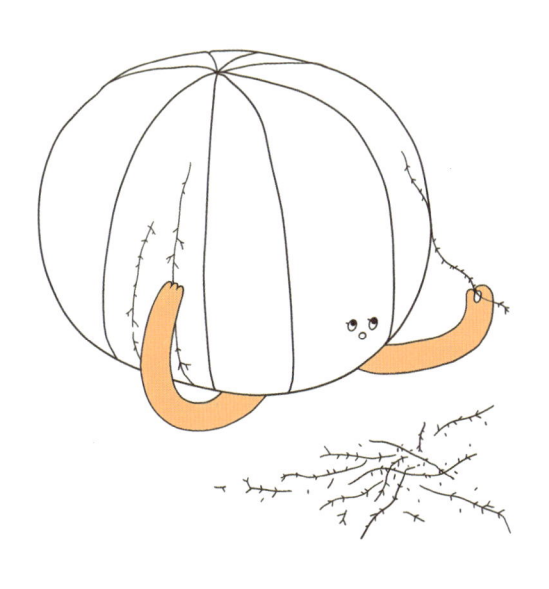

剝橘子，然後撕掉它身上所有的白絲。

NO.71

既然隕石進入大氣層會摩擦生熱，
那麼牛排從多高的地方掉下來會正好烤熟？

NO.72

哭多了會脫水嗎？

100件快樂的小事

# NO.73

離開消耗自己的人,
翻臉是解決人際矛盾的有效辦法。

啟動計時器，看自己花了多長時間背下這段話。

5.4.3.2.1. Start:

你坐飛機失事的機率是 470 萬分之一，
但你安然無恙；
你開車出意外的機率是 4 萬分之一，
但你毫髮無損；
你作為人類出生在地球上的機率是 400 萬億分之一，
而你身體健康。

所以，
不要質疑此刻不夠美好，
你其實正在被祝福著。


All Time: ＿＿＿＿＿

100 件快樂的小事

跟我一起
飛吧！

NO.74

與其心動，不如行動。

用嘴咬著筆,在這一頁寫下:

# 「今天過得很開心。」

---

只要你是開心的,人生這條路怎麼走都沒事。

NO.73

老虎小時候叫小虎嗎?

NO.74

蒼蠅不小心飛進了機艙裡,
被搭載到另一個城市怎麼辦?
它的家人怎麼辦?

100 件快樂的小事

"最可愛的紙~"

NO.75

把最好的朋友約出來。
情緒不好的時候,人就像一團被揉皺的紙,
而最好的朋友就像是拎著熨斗一樣,
可以一點一點地把自己熨平,再在上面畫幾朵好看的小花。
然後,自己就成了這個世界上最可愛的紙。

今天最想吃的是什麼？

想和誰一起吃？

把答案拍下來，傳給那個人。

100 件快樂的小事

## NO.76

吃東西覺得有罪惡感，就默念一段話：
「我媽看著我減肥會心疼的，
所以這頓飯不是為我吃的，是為我媽吃的。」

帶著這本書，帶著印泥，
收集10個最親近的人的指紋。

NO.75

覺得螃蟹活活被蒸死很可憐，突然不想吃了怎麼辦？

NO.76

有時候會感覺自己的頭上應該長出蘑菇，
所以一直沒長蘑菇會覺得焦躁，該怎麼辦？

# NO.77

100件快樂的小事

外面大風大雨的時候,就關好門窗,
看看劇或者呼呼大睡。

真心話大冒險，
寫下你害怕的兩個問題：

---

要大笑，要做夢，要與眾不同，人生是一場偉大的冒險。

# NO.78

認真對待一日三餐,並提醒自己只吃七分飽。
那一點點未被滿足的饑餓感,
能夠讓自己更清醒、更精神、更美麗。

寫下你想做但不敢做的一件事，然後在生日當天嘗試一把。

NO.77

玉皇大帝是住在對流層,還是平流層?

NO.78

除了鹹水魚和淡水魚,
有沒有不鹹不淡的魚類?

# NO.79

鼓勵自己,發一個正能量的 FB PO 文,
或者錄一段為自己加油的影片。

鼓勵自己

找三個好朋友，讓他們各說一個對你印象最好的瞬間。

100 件快樂的小事

# NO.80

騎自行車去郊區看風景，
累了就停下來拍風景。

寫 3 個近期的小秘密。

不說話，僅僅是為了防止說一堆廢話。
如果你因此覺得我內向，隨你的便。

# NO.81

找一個新的愛好,並購買適合自己的新裝備。
比如繪畫、游泳、跑步、錄音、打球。

找一個新的愛好

100 個快樂的建議

1　　　　　　　　2　　　　　　　　3

4　　　　　　　　5　　　　　　　　6

7　　　　　　　　8　　　　　　　　9

10

將你最喜歡的 10 個品牌的 logo 畫在這一頁。

100 件快樂的小事

## NO.82

## 學會拒絕別人

拒絕某人的不合理請求,不管是借錢,還是聚餐、交友,不喜歡的話,就直接拒絕。

你最喜歡的一本小說是什麼？

你還記得小說裡面主人公的名字嗎？

NO.79

諸葛亮會背《出師表》嗎?

NO.80

眼淚是從眼睛裡流出來的,
那為什麼要叫哭鼻子,而不是哭眼睛?

NO.81

強力膠能不能黏住不沾鍋?

NO.82

櫻桃那麼好吃,
為什麼不培育成像蘋果一樣大個的?

100 件快樂的小事

## NO.83

不再試圖改變誰，尤其是親近的人，
試著站在對方的角度去理解對方。

統計你所有的存款，寫下你今年的大額消費計畫，寫下你未來五年的奮鬥目標（一個數額）。

\*\*\*

我此時有　　　　　　元。

我今年大概要花掉　　　　　　元。

我想透過五年時間努力賺到　　　　　　元。

100 件快樂的小事

# NO.84

不亂開別人的玩笑，
也制止別人亂開自己的玩笑。

100 個快樂的建議

我們（我） _____

_____

_____

_____

LOVE _____

手寫愛情宣言，並和相愛的人一起簽字。
如果沒有相愛的人，就只簽自己的名字。

NO.83

阿姆斯壯在向月亮靠近的時候，
他在某一瞬間也會期待在月亮上見到嫦娥嗎？

NO.84

生蠔煮熟了還可以叫生蠔嗎？

# NO.85

## 看破不說破

不爭辯，要學會「看破不說破，看穿不拆穿」，
要學會講「你說得對」。

左手和右手玩「剪刀石頭布」,
誰贏了,就用哪隻手吃飯。

100件快樂的小事

# NO.86

OK！

和某人做個約定，誰想逛街、
看電影或者吃好吃的，
就拿出手機打給對方。

希望未來的另一半是什麼樣子的？
希望未來的房子是什麼樣子的？

我希望未來的另一半是：

我希望未來的房子有：

NO.85

## 午餐肉可以晚餐吃嗎？

NO.86

## 下周日是星期幾？

講無厘頭廢話。

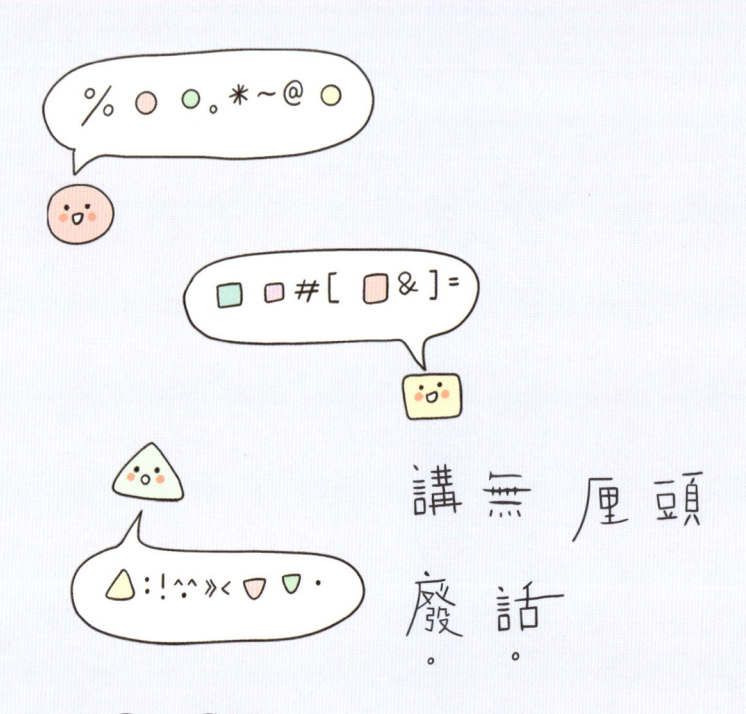

# NO.87

講無厘頭的廢話。
比如「這是番茄，有一股番茄味」，
又比如「七日不見，如隔一周」。

把你和最好的朋友第一次見面的情景寫下來。

100件快樂的小事

# NO.88

每天抽出一點兒時間閱讀,
並寫一小段閱讀體會。

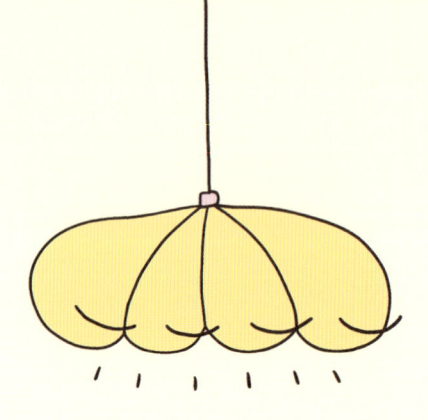

閱讀．
時光

## 把自己的缺點列出來,一年之後,畫掉已經改掉的。

年　月　日

年　月　日

NO.87

既然輪子那麼快捷迅速，
那為什麼人的腿不進化成輪子？

NO.88

打點滴的那個針戳到肉裡，
會不會戳出一條圓柱體的肉？

100 件快樂的小事

# NO.89

達成某個目標之後,
狠狠地獎勵自己一個貴重的禮物。

去看一場演唱會。

# 能量滿滿的一天

早~

NO.90

堅持早睡早起一個星期，
發現精神狀態好了很多，
近期的情緒和工作效率也好了很多。

在手掌抹七種顏色的顏料,在這一頁抹出一朵七色花。

---

不要把五顏六色的生活過得亂七八糟。

NO.89

明明是饃夾肉，為什麼偏要叫肉夾饃呢？

NO.90

殺人不眨眼的人，眼睛不會乾嗎？

100 件快樂的小事

# NO.91

獨自一個人安靜地站在街頭,
看著陌生的人群湧動。

畫一隻貓的爪子和一隻狗的爪子

---

有時候我覺得我自己，
就像是：
怕水的魚，恐高的鳥，怕魚的貓。

100 件快樂的小事

# NO.92

不定期刪人。刪除或者封鎖。

就現在，約三五個好朋友，晚上聚一下。

NO.91

省到後來，一下子全都花掉，
這就是你省錢的目的嗎？

NO.92

如果孫悟空活在當今世界，
你覺得他適合學文還是學理？

100 件快樂的小事

NO.93

新學一道菜,回家做給爸爸媽媽吃。

## 100 個快樂的建議

打卡八杯水,記錄一下時間。

(　　)　　(　　)　　(　　)

(　　)　　(　　)　　(　　)

(　　)　　(　　)

100件快樂的小事

你今天真美！

NO.94

化一個淡妝，配上自己喜歡的鞋子和衣服出門，
感覺自己美美的。

列出自己近期最想吃的東西,
吃了一樣,就畫掉一樣。

NO.93

如果兩個人都能預知未來,
他們玩「剪刀石頭布」,誰會贏?

NO.94

如果全人類一起跳,地球會抖一下嗎?

100 件快樂的小事

# NO.95

在跑步機上跑 20 分鐘，
享受大汗淋漓的爽快。

100個快樂的建議

早上出門，
主動跟10個人打招呼說：「早安」，
並記下分別是誰。

100件快樂的小事

# 有目的地存錢

## NO.96

設定一個消費計畫，
比如旅遊、買房、買車，
然後有目的地存錢。

目前為止的人生中，
你覺得自己最巔峰的時刻是什麼？
描述一下當時的感受。

NO.95

二郎神怎麼做眼睛保健操?
他的第三隻眼是單眼皮,還是雙眼皮?


NO.96

假如晚上不能吃東西,那冰箱裡為什麼有燈?

100 件快樂的小事

# NO.97

請喜歡的人吃頓大餐，
並主動幫對方倒水、剝蝦。

最丟臉的事情是什麼?

寫出來:

---

---

---

---

---

---

然後全部塗成黑色。

100 件快樂的小事

# NO.98

蒐集空瓶子、廢紙箱，
送給收回收品的大哥大姊們。

243

將自己作為童話的主角,寫一個小故事:

睡前念給你喜歡的人聽。

100 件快樂的小事

NO.99

學會一個新的生活小技巧，
比如清潔，比如收納，比如穿搭。

最喜歡的食物是什麼：

它為什麼讓你喜歡？

最討厭的食物是什麼：

列出它的種種「惡行」！

100 件快樂的小事

# NO.100

再買幾本《首先你要快樂，其次都是其次》，
送給自己真心希望他們能夠快樂的朋友們。

最近做的最正確的選擇是什麼？

如果可以，請放肆地寫下誇自己的話！

NO.97

都是綠油油的,綠化草坪為什麼要用草,
而不是用韭菜?


NO.98

《西遊記》裡的玉皇大帝那麼軟弱,
為什麼可以掌管天庭?


NO.99

在電腦上下載的 GIF 動圖,列印出來就不動了,
是電腦的問題,還是印表機的問題?


NO.100

愚蠢的人總喜歡說「不」。
那麼問題來了:「你蠢嗎?」

OHDC0110

# 首先你要快樂，其次都是其次

作　　者：林小仙
責任編輯：林靜莉
封面排版：王氏研創藝術有限公司
內文排版：王氏研創藝術有限公司

總 編 輯：林麗文
主　　編：高佩琳、賴秉薇、蕭歆儀、林宥彤
執行編輯：林靜莉
行銷總監：祝子慧
行銷企畫：林彥伶

出　　版：幸福文化出版／遠足文化事業股份有限公司
發　　行：遠足文化事業股份有限公司(讀書共和國出版集團)
地　　址：231 新北市新店區民權路 108 之 2 號 9 樓
郵撥帳號：19504465 遠足文化事業股份有限公司
電　　話：(02) 2218-1417
信　　箱：service@bookrep.com.tw

法律顧問：華洋法律事務所 蘇文生律師
印　　製：呈靖彩藝有限公司
初版一刷：2024 年 10 月
初版三刷：2025 年 2 月
定　　價：380 元

**Printed in Taiwan**　有著作權 侵犯必究
※ 本書如有缺頁、破損、裝訂錯誤，請寄回更換
※ 特別聲明：有關本書中的言論內容，不代表本公司／出版集團之立場與意見，文責由作者自行承擔。

本作品中文繁體版通過成都天鳶文化傳播有限公司代理，經沈陽悅風文化傳播有限公司授予遠足文化事業股份有限公司（幸福文化出版）獨家發行，非經書面同意，不得以任何形式，任意重製轉載。

國家圖書館出版品預行編目 (CIP) 資料
首先你要快樂，其次都是其次 / 林小仙著 . -- 初版 . --
新北市：幸福文化出版社出版：遠足文化事業股份有限公司發行，2024.10
面；　公分 -- (富能量　；0110)
ISBN 978-626-7427-91-0( 平裝 )
1.CST: 自我實現 2.CST: 生活指導
177.2　　　　　　　　　113009214